STERNENBLICKS

Lyrikpreis 2019

IM ANGESICHT DER WORTE

STERNEN BLICK e.V.

Bibliografische Information der Deutschen Nationalbibliothek:
Die Deutsche Nationalbibliothek verzeichnet diese Publikation in
der Deutschen Nationalbibliografie; detaillierte bibliografische
Daten sind im Internet über http://dnb.d-nb.de abrufbar.

www.sternenblick.org
kontakt@sternenblick.org

Herausgeber:
SternenBlick e.V.

Cover- & Buchgestaltung:
Stephanie Mattner

Coverbild:
© sword_sf@shutterstock.com

Alle Illustrationen im Buch: © Olya.Creative
außer Feder S. 10: © Blackmoon9

Das Widmungsgedicht von Ulrich Grasnick
abgedruckt mit freundlicher Genehmigung des Autors
Erstabdruck in „Ankunft der Zugvögel"
(Verlag der Nation, Berlin 1973. S. 49)

Herstellung und Verlag:
BoD – Books on Demand, Norderstedt

ISBN: 978-3-7504-8100-8

Vorwort der Jury

Was bewegt Menschen dazu, ihre persönlichen Erlebnisse, Eindrücke und Gefühle in gebundener Sprache wiederzugeben? Oder kurz: Warum dichtet der Dichter? Dieser Frage wollten wir nachsinnen am „Welttag der Poesie" 2019.

Seit dem Jahre 2000 hat die UNESCO den 21.März zum „Welttag der Poesie" erklärt. Der internationale Gedenktag soll dazu beitragen, das Kulturgut der gebundenen Sprache zu erhalten und zu fördern. Über öffentliche Lesungen und Aktionen, die an diesem Tag stattfinden, wird Dichtkunst in den Fokus gerückt und somit die zeitgenössische Poesie nachhaltig gestärkt.

Auch der gemeinnützige Verein SternenBlick folgt dieser Idee. Daher haben wir für die Auslobung unseres Lyrikpreises den 21. März gewählt.

Ab Mitternacht konnten Dichterinnen und Dichter für 24 Stunden die Gelegenheit nutzen, ihren Beitrag über das Online-Formular einzusenden. Zugelassen zum Preisausschreiben waren alle lyrischen Formen (auch Haiku). Es gab zudem keine Beschränkung in der Länge. Ein besonderes Augenmerk wurde auf eine kreative Herangehensweise an das Thema, Originalität der Sprache und die beim Lesen erzeugten Bilder gelegt.

Knapp 250 Poetinnen und Poeten haben ihre Verse eingesandt, von denen die besten 52 Gedichte in dieser Anthologie abgedruckt sind.

Nach mehreren Auswahlrunden konnte das Gedicht „ich baue ein haus aus licht" von Marina Büttner die fünfköpfige Jury final überzeugen. Originell und sprachlich herausragend nimmt die Autorin das Thema auf und erschafft ein bildreiches Wortgewebe. Wir gratulieren Marina Büttner zum Gewinn des SternenBlick-Lyrikpreises 2019. Als Siegerin des Wettbewerbes wird die Autorin Anfang 2020 einen eigenen Gedichtband bei SternenBlick veröffentlichen.

Wir bedanken uns bei allen Dichterinnen und Dichtern, die sich an der Ausschreibung beteiligt haben, bei Ulrich Grasnick, der uns sein Gedicht „An die Erbauer von Versen" zur Widmung des Buches zur Verfügung gestellt hat und an Marina Maggio, die uns erlaubt hat, ihren Gedichttitel „Im Angesicht der Worte" als Titel für diese Anthologie zu verwenden.

Die Jury bestehend aus Nadja Felscher, René Kanzler, Jennifer Hilgert, Sabine Wreski und Stephanie Mattner wünscht ein inspirierendes Lesevergnügen.

Ulrich Grasnick

AN DIE ERBAUER VON VERSEN

Verse sind Stockwerke,
es genügen zwei oder drei
für ein Haus –
Manchmal eines Gedankens
erste Etage genügt,
darin zu wohnen.

Niemand schreibt dir vor
die Größe von Fenstern
und Türen,
du kannst leben in beliebiger
Gegend.

Du kannst beginnen
einen einfachen Satz
ohne Baugenehmigung,
Sondergenehmigung,
und ohne Fragebogen –
Einfacher Baugrund Papier,
für jeden erschwinglich,
für jeden nutzbar.

Für Fehlkonstruktionen
genügt ein Papierkorb,
und ein neues Blatt
ist schon wieder Beginn.

Lyrikpreis 2019

1. Platz

Marina Büttner
„Ich baue ein Haus aus Licht"

Marina Büttner

ICH BAUE EIN HAUS AUS LICHT

ich baue ein haus aus licht
inmitten von hauptverkehrsstraßen
ich bringe sterne mit & luft
ich bringe sprache in alle
stockwerke

rauhfaserfarbene worte schlag
ich aus unverputzten wänden
ich verstehe längst nicht genug
vom handwerk, ich sammle
backsteine auf abraumhalden

berge von schutt & metall
ziehe worte magnetisch an
kleide sie ein – ein taufkleid
sollen sie tragen & namen
die noch keiner kennt

ich baue ein haus, ich öffne türen
licht fällt herein & am boden
spuren von vorstellungskraft
ich klaube die hellen klaren heraus
alles spricht und springt mir bei

Christiane Schwarze

Im Garten der kostbaren Momente

Erschöpft kauert die Zeit. Eine Uhr läuft rückwärts.
Punkte zu endlosen Linien ausgerollt.
Erzähllabyrinth, Satzverschleiß, Fragmentabsturz.
Der Schreibtisch blickt auf leere Seiten.
Das Ungeschriebene verlor längst seinen Sinn.
Buchstaben können eine Fata Morgana sein!
Augen verfolgen fliehendes Glitzern.
Das Herz rast. – Oder dreht sich die Erde
immer schneller um sich selbst?

Der Himmel über dem Hügel trägt nur ein graues Hemdchen,
an manchen Stellen aufgerissen, schimmert weißlich seine
dünne Haut. Blass tropft erinnertes Rot durch seine Adern,
bald wird sich Gewesenes schwarz verlieren.
Am Rande eines tauglänzenden Seidensegels achtbeiniges
Lauern. Durchsichtige Flügel kleben zitternd im Wind.
Ein Gedicht ergreift meinen Schatten. Drückt ihn ans Herz.
– Fallenlassen in seine Tiefe.
Bruchstücke neu zusammenfügen. Anderen Suchern und
Sammlern begegnen. Der Fremde ein Stück Heimat abtrotzen.

März rankt im Gedankengitter. Träumt einundzwanzig
eng beschriebene Blätter. Heute singt der Kalender!
Worte finden ihren Atem wieder.
Gehüllt in zartes Mondsteinblau feiert die Nacht.

Sternenleuchten der Poesie

Mein Leben
es ist nicht zu fassen
erstarrt in Worten

Wolfgang Gründer

Angelica Seithe
FISCHER

In Worthütten wohnen wir
hocken hinter dem Strand
Vor Sonnenaufgang gehen wir fischen
werfen das Netz
hoffen auf Schwärme
auf Sätze beweglichen Silbers

Ziehen nichts als den Schleier der
Sonne ins Boot

Genug für den Tag

Ines Langs

EUTERPES RUF

Wenn du Euterpes* Flöte hörst,
so horch' und folg' ihr unbedingt!
Wenn du ihr ew'ge Treue schwörst,
dann spürst du, wie er dich durchdringt:

Ein Rausch der Worte, zaubergleich,
trägt dich auf Schwingen hoch ins Blau,
die Welt umspannend, wunderreich.
Vertrieben wird das fahle Grau

der muffig-engen Seelenangst.
Und eh du weißt, wie dir geschieht,
und während du noch zögernd bangst,
gebierst du endlich doch ein Lied.

Geflügelt ist es, wild und bunt.
Kaum hauchst du sanft ihm Leben ein
und kaum verlässt es deinen Mund,
fliegt es schon fort, um frei zu sein.

Lass es nur zieh'n, du hältst es nicht.
Kannst letztlich doch nur Zeuge sein,
wie es den Bann der Fremdheit bricht
und tritt in andre Herzen ein.

* Euterpe ist die griechische Muse der lyrischen Poesie

Marina Maggio
Im Angesicht der Worte

I.
Erinnerung an die Nacht,
die sich verkleidet hat im
Laken eines verschwitzten Sommers.
Meine Augen blicken durchs geöffnete Fenster
meiner Wortschmiede... beobachten zwei Verse, die
sich lieben, so laut wie ein Amboss, der auf Metall schlägt.
Sie glühen, schlagen Funken, brennen, als kämen sie der
Sonne zu nahe wie Ikarus.

II.
Erinnerung an den Morgen.
In meinen Gedanken ein rot-goldenes
Aufschäumen des Himmels.
Ein Gedicht öffnet seine glitzernden Blüten,
tastet sich entlang meiner Stirn, meiner Brust,
meiner Hand, springt aus dem Fenster, als
würde es kein Fallen geben.

III.
Erinnerung an den Tag.
Ich fahre aufs Meer hinaus, gesättigt von
meiner Fantasie und dem Kokosnussfett
auf meinen Lippen.
Irrlichter auf dem Wasser, alltägliches
Möwengeschrei.

Es tauchen gurgelnd Buchstaben auf, Vokale,
Konsonanten, bunt geschuppt wie der
Schwanz einer Meerjungfrau.
Vom Wind erfasst tauchen sie ein ins
urzeitliche Nichts.

IV.
Erinnerung an den Abend.
Durch die Stadt streunen, nackt und mit
der angstfreien Haut der Dichterin...
als wäre man alleine. Schlösser öffnen,
hinter deren Türen die Poesie zurückgehalten
wird wie ein fremdes Wesen... das Fell gesträubt,
die Menotaurenfüße im Gras scharrend, das mit
geöffnetem Maul Metren reproduziert und
mich gefangen nimmt im Rhythmus hungriger
Sirenen.

Marlies Blauth

KÜNSTLERIN SEIN

Im Dickicht der Bilder und Worte wohnen
versuchen, Gärten daraus zu gestalten
die noch nach mir gedeihen.
Gedanken säen und ernten, Füllhörner
voll mit Farben und Freiheit:
mitten im Löwenzahn leben
Honig in Bitterkeit rühren
und in Glücksmomente Melancholie –
manches bleibt mir versagt
aber nie verschlossen:
das ist mein Reichtum.

Magnus Tautz
INWENDIG

die bilder

die dich
zur sprache bringen

abschreitest
auf gefrorenem laub

als gingen sie
gerade verloren

ablesbar
in den augen

als ein kindliches warten
auf schnee

Eline Menke

FLÜSTERN

Weiß schimmernd hell
im Sonnenhimmel
schwimmen die Schatten
wie Schäreninseln
leiser Töne
treiben die Worte
ins Licht.

Der Wind
zähmt die Meute
meiner Gedanken
stellt die Bilder
auf den Kopf
schweigend
verstreicht die Zeit.

Mein Hochsitz
ist nur ein halber Satz
mein Mund
eine Metapher
die im Leuchtturm wohnt
das Flüstern
wie nebenbei
ist meine Poesie.

Jutta Gornik
WÖRTER

Die Wörter fügten
sich so wunderbar
und waren gleich
wie eine Melodie.
Sie schwebten
hin voll Harmonie
und drangen weich
ins Herz hinein.
Sie waren Poesie.

Ben Kretlow

WENN MEIN OHR SO LAUSCHT...

wenn mein ohr so lauscht an deiner stille
und dein schweigender ansturm mich berauscht
so als ob in mir ein blühender wille
meine zweifel gegen dein licht eintauscht

ja, es wäre als trittst du nah an mich
und legst deine hand auf das pochen dort
und ich gebe langsam nach und lasse dich
durch meine mauern hinein in mein wort

Vergissmeinnicht
gerade genug
für ein Gedicht

Eva Limbach

Dirk Juschkat
REZEPT FÜR EIN GEDICHT

Ich mach' Gedichte, die sich reimen;
dort lass' ich meine Worte keimen –
und wenn ein Paar zusammen passt,
dann trägt es als Gerüst die Last.

Ich mag auch gerne Silben zählen;
es soll ja nicht am Rhythmus fehlen –
bin erst zufrieden, wenn es stimmt,
wenn jede Strophe ausgetrimmt.

Dann muss auch noch ein Sinn hinein;
ein möglichst tiefer soll es sein –
ich will von Wichtigem berichten,
und nicht nur einfach sinnlos dichten.

Zuletzt braucht es noch Emotionen;
im Werk muss eine Seele wohnen –
ein Puls, der jedes Wort durchdringt,
der Poesie zum Klingen bringt.

Als Kurzanleitung ich empfehle:
man nehme Reim, Maß, Sinn und Seele;
verquicke sie poetisch sacht –
und schlafe drüber eine Nacht –
wenn es dann noch im Herzen sticht,
dann ist es fertig, das Gedicht.

Ingrid Herta Drewing

DICHTEN

Ich sondre Worte ab wie Seim,
der süß in Honigwaben quillt,
und geh' mir träumend auf den Leim,
dass sich mit Sinn mein Dasein füllt.

Ich folge süchtelnd dieser Stimme,
die mir die Klänge flüstert ein,
den Nektar suchend, wortend Imme
flieg' ich und tauch' ins Blühen ein.

Im Zauberbann der Poesie,
da Verse tanzen hin zum Reim,
hör' ich des Lebens Melodie
und finde dichtend mein Daheim.

Marie Döling

EINKLANG

Meine Worte stricken
Regenbogenhaut
um wundgelebtes Leben,
schreiben zartverliebte Melodien,
die Wortgebilde weben.
Wir singen
glühende Duette,
tanzen tausend Perspektiven,
fühlen Stürme zwischen Zeilen und
versinken in den Tiefen.
Wir dichten,
die Worte und ich,
einander beste Feinde.
Verbunden durch die Sehnsüchte
unendlich nur zu bleiben.
Wir sind
einander mehr noch als Magie,
verschmelzen metaphorisch leicht
zur wahren Poesie.

Meike Wanner

TINTENFADENWORTE

Tief in Kammerherzen
pulsierend royalgeblauter Masse
ein sich losreißender Strahl
gedankengenährt

trägt in sich die Fragen des
Lebens und die Antwort des Seins und mein
Leben Fingerbreiten vor mir
niedergekleckst und tränig
geschmiert, getropft erscheint

Worte geboren aus Fäden aus
Tinte entreißt Worte direkt meiner
zählschlossverriegelten

Zunge, die zu sprechen lernt, sticht
der Stift den ersten Punkt ins Papier.

Günther M. Bach

SCHERZHAFTES BEKENNTNIS

Ich mag Sonette nicht. Die Zeilenlänge
zwingt mich, das Blatt beim Schreiben quer zu legen;
dazu bin ich nur ungern zu bewegen.
Auch führen sie den Schreibfluss in die Länge.

Es ist mir lieber, ohne alle Zwänge
nur aufzuschreiben ohne abzuwägen
den Sinn des Wortes nur des Reimes wegen.
Auch so gelingen manchmal Lobgesänge.

Natürlich sollte man es mal probieren;
es mag nicht schlecht sein für die grauen Zellen,
doch ein Vergnügen will es mir nicht werden;

darum wird kaum eins unter den Papieren
aus meinem Nachlass sich der Frage stellen,
ob ich Sonette liebte, hier auf Erden.

Herbert Friedmann
POETISCHE LEBENSBILANZ

Nach den geschriebenen und den
ungeschriebenen Gesetzen der Ökonomie
und den Lehren der Wertevernichter
der globalen Gewinnmaximierung
und des gesunden Menschenverstandes
der ehrbaren Kaufleute und der zweit-
rangigen Auffassung meiner Katze und
der formstrengen Prosa des deutschen Mahn-
wesens stehen den Einnahmen aus meinem
poetischen Tag- und Nachtvertreib Aus-
gaben für Strom Zigaretten Wein et cetera
in einem äußerst ungünstigen Verhältnis selbst
ein Strick würde sich nicht rechnen vielleicht
sollte ich in China oder Bangladesch dichten lassen.

Marion Bergmann

Heutedichter

Lamettaworte flattern im atem
nichtssagender dichter
häute dich
    der
umgekehrten zeit entgegen
lerne im schlangentanz
deine opfer bringen
    Gott
in die sprache
    zurück

Sigune Schnabel
AUF DER HÄNGEBRÜCKE

schwanke ich durch diese Tage
aus Schnee,

tropft Zeit
zwischen dem Holz.

Wenn die Jahre gefrieren,
fallen keine Träume mehr
aus Ritzen.
An den Schuhen klebt der Winter.

Doch du legst Schwanenrufe
in mein schlohweißes Haar,
wirbelst Flocken auf,
bis mir neue Sprache
über die Füße wächst.

Patrick Hattenberg

DAVID

in gewordenen und immer wieder
werdenden schritten meines werdens
und werdegangs erkenne ich
form muster und gewalt
iges potential zur un
vollkommenheit meiner gestalt
ung ich vergesse hammer sowie
meißel nehme mir die feder
und
erschaffe endl
ich mich selbst
erneut
rneut
rneu
neu

im wort

Ulrike Schmidt

WORT IM LICHT

Wenn der Morgen in
Helligkeit sich kleidet,
sein Licht zärtlich
das Papier berührt,

dann fliegen Gedanken
mit gespannten Flügeln;
es öffnet die Seele sich
und das lyrische Ich.

Nachts schenkt der Mond
mir silberne Träume, darin
schreib' ich mit reflektierenden
Worten Gedichte aus Kristall.

Marina Berin

WORTGESTRICKT

06:23 Uhr

Sechsundzwanzig Buchstaben
starren mich an.
Sagen nichts, halten
ihre Köpfe stets in Richtung
Stift und Notizbuch gedreht.
Rauben mir den Schlaf. Werden
zu Wortfäden.

07:49 Uhr

Wieder geweckt von lautem Wortgeflüster.
Lasst mich in Ruhe oder wenigstens
Kaffee machen. Suche die Hausschuhe,
den Morgenmantel. Atme
den neuen Tag ein und
die Schlafreste aus.

08:05 Uhr

In der Küche fange ich an,
ein Kleid aus Worten zu stricken.
Der Kaffee wartet: halb getrunken,
halb voll. Die Fäden sind bunt und fühlen

sich weich an, wie Seide oder beispielsweise Katzenfell.
Ein Wort zieht ein anderes nach sich, ihre Gesichter
lächeln. Ihr Lächeln ist ansteckend und an Kaffee
denke ich nicht mehr.

08:49 Uhr

Das Kleid bekommt noch Ärmel,
schließlich ist noch kein Sommer.
Greife nach neuen Wörtern,
ersetze viel zu dünne durch
robustere oder schöne.

09:07 Uhr

Das fertige Kleid hängt am Bügel.
Will wissen, was du dazu sagst,
wenn ich es dir zeige.
Von nun an will ich es öfter tragen.

09:13 Uhr

Ich ziehe das Wortkleid an,
gehe zu dir, wecke dich,
präsentiere dir meine
Strickkunst, drehe mich

mehrmals um die eigene Achse,
halb tanzend, halb posierend.
Steht dir, sagst du und liest es
wie Prosa.

Siehst du nicht? Das ist ein Gedicht!
Es ist geblümt und überwiegend rosa,
es liest sich anders, wärmer!
Ich bringe dir bei wie,
sage ich

und schlüpfe unter deine Bettdecke.

Birgit Oßwald-Krüger

DER TURM WIRFT SEINEN SCHATTEN ÜBER UNS

I

was ich sage, ist nicht was ich denke
was du meinst, ist nicht was ich höre
was ich glaube, ist nicht was du verstehst
was du beklagst, ist nicht was ich fühle
was ich brauche, ist nicht was du willst

II

wenn ich die Welt erkläre, ist es meine Welt
meine Sprache kannst du nicht verstehen
doch der Klang gibt dir ein Zeichen
und der Duft der Töne lässt dich ahnen, wer ich bin

III

der Turm wirft seinen Schatten über uns
Worte stürzen wie fremde tote Vögel in die dunkle Tiefe
verlieren im Flug ihre schillernden Federn
Haut und Fleisch verbrennen im Feuer unserer Selbstsucht
zersplitterte Knochen füllen den Graben mit unserem Missverstehen
wir sind so leicht ohne Worte

IV

ich pflanze mit meinen Worten einen Zauberwald
du nimmst die Axt und fällst die alten Bäume
ich gehe träumend über Moos und Gras
du schüttest Asche in die grünen Räume

und wenn die Feen durch meinen Garten schweben
hörst du sie nicht
und musst dir doch vergeben

V
ich hülle meine Worte in Geschenkpapier
goldene Bänder winde ich um die Silben
bade die Buchstaben in Rosenwasser
kupfern leuchten die polierten Sätze
vom Morgen betupft
sammelt sich Tau in meinen Gedanken

Julia Krumbein
POESIE

P flücke Sterne bei Nacht, leuchtend helle,
o hne Kompass silbe den Vers,
e ntrolle das Wort wie ein Segel, und
s tabe Pfeile über das Meer oder singe
i n Wogen und Wellen verdichtet, zuletzt
e in kaskadischer Satz ins Wesensbecken.

Manuel Bianchi

DIE MANNIGFALT DES WASSERS

was wäre
wenn das Wasser
nicht nur aus H und O bestünde
sondern auch aus allen andren Buchstaben

dann könnten wir
Gedichte trinken
jeder Schluck ein Vers

wir könnten
in Romanen baden
in Abenteuern tauchen

der Wein
würd' uns erzählen
von der Sonne auf dem Südhang

und selbst die Fische
im Aquarium
hätten immer was zu lesen

wir könnten
Bücher reifen lassen
in Flaschen und in Eichenholz

Anekdoten dekantieren
bevor wir mit der Nase nippen
an frisch entkorkten Aphorismen

im Schwimmbad ziehen wir
unsere Bahnen
wie in den Gängen einer Bücherei

und sollten wir
am Strand spazieren gehen
erzählt das Meer uns Kurzgeschichten
mit jeder Flut 'ne neue

und wollten wir sie feiern
die Mannigfalt des Wassers
so köpften wir Champagnerflaschen
auf dass es richtig prickelt
wenn die Worte auf der Zunge schaukeln

Franz Niemand
MIT LETZTER...

Mit letzter
gesammelter Nacht
sind die so oft missbrauchten
Worte
aus allen Metaphern
gesprungen.

Und täglich entgleist
der Murmeldichter.

Gregor Stefan Heuwangl

WORTATTACKEN

die geschlossene phalanx der silben,
lautstark vorrückend, die tönenden wortrücken,
gedrängt in lückenlos stehende reihen,
eliteeinheiten der syntax, zum gleichtakt uniformiert,
bewaffnet mit klingen, gespannten bögen,
ineinander verschobene sinneinheiten,
ein starrendes heer verdichteter worte,
darüber ein wabernder panzer, schillernde schilde,
einzelne metaphern, die mutig hervorpreschen,
aus dieser wand aus stampfendem rhythmus;
da, eine einzelne aufsteigende zeile auf einem falben
klar an der spitze verschränkter sprachfiguren,
ein steiles ausrufezeichen im papierenen schnee;
dann surren die pfeile und finden die herzen

Matthias Rade

SILBENFÄNGER

Zerschlagen liegen
die alten Tafeln;
wir aber
tun unser
Sternwerk und säen
Strahlsaat.

Lichtkeile treiben
wir ins Endliche;
durchfurchen
das Tiefland
unserer dürren
Seelen.

Mundperlen sieben
wir durch die Netze
der Herzen;
in tausend
Häute ritzen wir
ein Wort.

Anka Röhr

WOHER...

Woher
weht der Wind
woher
kommen die Stimmungen
die Farben
die Bilder
die Klänge
legen sich
wie Wortketten ums Herz
lassen sich schmieden
bis alles sich fügt
tief
unten
zum Wortgemälde
zum Gedankenbild

Jens Junk
ODE

Wenn ein Gedanke sich vertieft,
sich weiten will nach allen Seiten,
und stetig in die Seele trieft,
wobei Gefühle ihn begleiten,
wenn das sich dann in Formen bindet,
festgelegt und dennoch frei,
in Worter seinen Ausdruck findet,
dann ist's dem Dichter wohl dabei.

Wenn Worte dann zum Munde drängen,
sich äußern wollen unbedingt,
sich klar zu ihrem Sinn bekennen,
und doch die Seele drin erklingt,
wenn sie die Lippen überfließen,
den guten Boden sorgsam tränken,
die zarte Pflanze Lyrik gießen,
und so eir Wunderwerk uns schenken.

Die Lyrik ist ein feines Feld,
lasst uns rur reinsten Dünger geben,
und wenn man sorgsam es bestellt,
wird es die Sprache stets beleben.
Das stärkt den Wuchs des Lyrikbaumes,
färbt Wortlaub, Blüten leuchtend ein,
die Herrlichkeit dies' Blütentraumes
wird Zaubertrank der Sprache sein.

Lara Große

In einem Gedicht

Manchmal liegt die ganze Welt
Zwischen Zeilen auf Papier,
Wo das Weiß zu Schnee zerfällt,
Wo das Schwarz glänzt wie Saphir.

Hier erbauen Worte Schlösser,
Die in hohen Wolken stehen;
Väter reiten wilde Rösser,
Um dem König zu entgehen.

Panther tanzen um die Mitte,
Wo im Walde Vögel schweigen;
Und im Turm steh ich und bitte
Winde mir durchs Haar zu reigen.

Auf den Schwingen meiner Seele
Fliege ich schon bald nach Haus,
Wenn ich Wörtern Federn stehle,
Spannt die Tinte Flügel aus.

Tausend Bilder warten dort,
Zwischen Schnee und dem Saphir;
Manchmal liegt an diesem Ort
Gar die ganze Welt vor mir.

Gottlieb Frauke Hansen
DER TRAUM

Aus einer engen Dichterbrust
entspringt
ein Traum
nach oben
was immer ihn auch
bremsen könnt'
es sei
der Welt enthoben

Das Träumchen
dreht sich
himmelwärts
es kreist um Mond und Sterne
um die Erfüllung
bangt es nicht
um Poesie
sorgt es sich gerne

Im Zickzack
über Vers und Schall
lässt es
in Anmut schweifen
des Dichters Lyrik
Sonnenstrahl
er ist ganz nah zu greifen

Doch geht es
überraschend schnell
fürs Träumlein
flugs zurück
es fehlte
zur Erfüllbarkeit
ein kleines Quäntchen Glück

Es war
für ihn
um Traum zu sein
der menschlich' Erdenkreis
nach ein paar schönen Stunden nur
zu eng,
zu klein,
zu leis'

Er stürzt hinab
aus lichten Höh'n
in tiefstes
Meeresblau
um die Erfüllung
seiner Pflicht
steht es nun plötzlich
lau

Es folgt die Nacht
und dort
im Schwarz
wo Angst und Zweifel ruh'n

sagt sich der Traum
gefangen jetzt
wir können
nichts mehr
tun

Begrabt mich hier
in dunkler Erd'
und hüllt mich eisern ein
in einen Sarg
aus Erzgestein
er könnt' nicht stärker
sein

versenkt mich
dann
in tiefstes Tief
und nehmt mir allen Halt
damit ich nicht mehr
träumen kann
so traurig, still und alt

Doch schau
es naht
der lichte Strahl
vom angebroch'nen Tag
die Hülle birst
das Schweigen bricht
und plötzlich
tönt ein Schlag

Es steigt empor
im Angesicht
des Dichters phoenixgleich
der Traum
von aller Angst befreit
ganz selig, warm und weich

Er hebt die Schwingen
schießt empor
entfesselt
ohne Leid
lässt alle Mühsal hinter sich
dem Hoffen
Fingerzeig

Ich sehe Licht!
Es ist soweit
gebt Poesie nie auf!
Des Menschen Seele
braucht die Kraft
vertrau' im Herzen drauf

Denn wenn man
nicht mehr träumen darf
dann ist man wirklich tot
davor jedoch da rettet dich
ein Traum
aus jeder Not!

Susann Kraft

VERSTECKT

Es liegt im Wort ein Zauber drin
und fühlt sich ganz geborgen.
Er lächelt still; auf Kissen weich
träumt er vom nächsten Morgen,

wenn ihn des Dichters Feder weckt
und kitzelt im Gesichte.
Dann reckt und streckt er sich im Wort,
und lächelt sich ins Lichte.

Ute Schneider

WIE MACHT DER DICHTER EIN GEDICHT?

Wie macht der Dichter ein Gedicht?
Die Antwort weiß ich leider nicht.

Der eine reimt ganz hemmungslos.
Ein anderer legt die Seele bloß.
So mancher macht es auch mit Witz.
Ich hoff' auf einen Geistesblitz.

Goethe tat's in Hexametern
auf Schöpfpapier mit Gänsefedern.
Schiller reimte Myriaden
meisterhafter Kultballaden.

Brecht, der dichtete mit Liebe.
Bei Shakespeare waren es die Triebe.
Busch kam so zu seinem Geld
und Biermann besserte die Welt.

Novalis schrieb in einer Gruft.
Storm gelang's in Meeresluft.
Frau Droste-Hülshoff, die Anette,
dichtete in ihrem Bette.

Fallada trank Alkohol.
Günter Grass verschmähte Kohl.
Rilke schrieb in Einsamkeit.
Hesse nur in Dunkelheit.

Thomas Mann tat's gern am Morgen.
Hölderlin trotz mancher Sorgen.
Heine rief vom Krankenlager:
Karl, der Marx, ist kein Versager!

Weinert schrieb vom reichen Mann,
der sich alles leisten kann.
Tucholsky denkt an Muttern's Hände...
Neruda dichtet ganze Bände.

Doch, WIE sie's machten, weiß man nicht.
Ein Wunder ist es – das Gedicht!

Annemarie Bergmeister
SCHREIBEN IST...

S ehnen der Seele nach Harmonie, fühlen
C haos vorfinden, Essenz des Zweifels trinken
H eimat verlassen, ziellos fliehen
R eue im Meer der Hoffnung ertränken
E ngel rufen, Wunder vom Schicksal fordern
I llusion enttarnen, Ohnmacht ertragen
B uchstaben alten Scheiterns schwärzen
E ndlichkeit mit Ewigem füllen wollen
N eues Sagen aus Unsagbarem formen

Schreiben ist:
bewusstes Atmen
im eigenen Leben,
ist bewusstes Mit-Atmen
mit dem Leben der Welt.

Anna Straetmans

WORTWANDERIN

Bin Wortwanderin und schreibe
Schritt für Schritt
libellenleicht
mit Federn im Gepäck

fraglos
Antworten findend
arglos
ein Kleeblatt

Bin Wortwanderin und gehe
Satz für Satz
traumtänzelnd

hab Ziele verloren
und Wege gefunden
Fragen um Wortspindeln
gewunden
alles dreht sich im Kreis

libellenleicht
mit Federn im Gepäck
wandere ich
Schritt für Schritt

Bernadette Duncan
HERZHAUT AN DEN FÜSSEN...

Herzhaut an den füßen
nähe ich mir mokassins aus worten

nehme leder gegerbt mit der säure
zweier sprachen
den zwirn der erinnerung
als muster die weite des himmels

besticke sie mit den zeichen
für fragen und freude
verstärke die ferse mit

schweigen

für die kältesten tage jedoch
die wirklich eisigen
gibt es ein futter für innen
ganz aus dem weichen fell
der musik

Birgit Schaldach-Helmlechner

WIEDERKEHRENDE STROPHEN

Eine lang gezogene Blue Note
halb schwebendes Vibrato
halb sich türmende Welle
rosa Rauschen im gebauschten Wolkengrau
das beharrlich die Tiefen vertont
und schon beim leisesten Luftzug
hat Phantasos Aufwind
sein Lied fliegt
nie zum allerletzten Mal
fällt ein Abschiedswort
solang ich es beweinen kann
bindet alles sich neu
und auch im Fluss der dunkelnden Stunde
sind die Tränen
für wiederkehrende Strophen gemacht

Ingrid Hassmann
TÄUSCHUNGS-MANÖVER

Alles, was wir schreiben,
Worte aus dem Dunkel
oder Früchte aus Licht

Worte des Augenblicks
Magie und Schöpfungszauber
Beschwörung der Zeit
diffus und unheimlich
die Sinne täuschen
schwebende Adjektive
Aussagen verharren
in visionärer Dunkelheit

wie Strandgut
schwebend fahl
durch Lichtbrücken
einem Terminus verbunden
ewige Dämmerung
Schöpfung und Metamorphose
silbenverschränkt

was geschieht
mit dem verbleibenden Dunkel
dem unendlichen Rest...
ein Satz vielleicht

ein verbales Zwielicht
herrisch und weich zugleich,
energisch und ganz mühelos
kein Engelswort
kein Todeswort
kein freundliches Versprechen
– es bleibt geheim –
das Wort, das wir fühlen,
ist wahr.

Unsichtbar bleibt,
was jenseits des Wortes
sich aufhält:
das Unermessliche, das Schwarz,
aus dem alle Worte kommen,
in dem alle Worte sich sammeln.

Alles, was wir schreiben,
ein Nichts im Nichts...

Steffen Marciniak

DER MENSCHEN STERNE / III – DER DICHTER

Soll er weiter schreiben, im laubschattigen Gewölbe?
Immer noch? Verachtet! Allein mit Worten reisen
Vom Abenddüstergestirn zum Morgenflimmerstern
Träumen an der Silberweide vom lieblichen Kastell?

Dichten von seinen erzenen Engeln – ohne Religion
Heimisch in antik funkelnden Welten aus Mythen?
Die sie ihm um die Ohren schlagen, böse fragen:
„Muss ich erst lernen, um dich zu verstehen?"

Lässt die Nacht letzte Dämmerschleier stürzen
Im finsteren Gefilde die Sternenaugen lachen
Da wacht er nackt im Sommergras und sinnt –
Der Klarheit zum Trotz er mit den Tränen ringt.

Sie fordern die Moderne und lichte Gesinnung
Zerstreuung gar mit dem Dunst von heiterem Ende
Preisen ihn mit Getöse, nur, wenn er pariert
Für's Publikum! Nicht irrt in seinem Wunderwald.

Mit Macht jagen sie ihn aus seiner lauschigen Mulde
Zwingen ihn in ihre geldgrellen Fließbandbasteien
Ihm bleibt kein Hort, an den er dürfte fliehen –
„Zahl für's Wohnen, den Arzt und den Staat!"

Doch einmal will er noch sein Rätselantlitz zeigen
Letztes Mal Poet sein und schweben über Wolken
Unsichtbar im flüchtigen Sternknospengefunkel
Den Dichterstern finden. Sein, wo man ihn lässt.

Tobias Hainer

Τακίταν ...
οἷον σιωπηλὴν ἢ ἐνεάν (DEA MUTA)

Beschwernisse wie Stiche
Buchstaben rotieren
im Antlitz von Istar

Mein Spiegel beschlägt
im Schimmermeer
erscheint Klytaimnestra

Mythen wandern
durch die Geschichte
das Wort verzehrt sich selbst

Ein Fossil rauscht
schläfrig wie Lethe
seufzend im Chor

Worte rascheln trocken
der Herbstwind hemmt
den fahlen Atem

Abgeblättert liegen
Gedanken und Gefühle
und das rote Auge
das ins Stumme äugt

Themen schleichen wie
Messer in anästhesierten
Phonemschaukeln

Arabesken kolorieren
sprechende Tonleitern
ins musikalische Ohr –
die angeheuerten Musen
weinen verzweifelt davor

Cis-Moll
Kontrapunkte
die Fuge schweigt

Cornelia Schäfer

GEBURT

dicht tropft das wort aus sich heraus
und hinterlässt eine pfütze im feinstaub
güldener buchstaben pulverisierte
gedankensplitter zerschneiden
wände aus glas wandern
herzlos über berstende dämme und
pflanzen sich fromm
in ungeschütztes seelenfleisch
verwurzeln tief wachsen gen
himmel formen sich lautlos fliegen
dicht tropft das wort

Tom Niklas Pohlmann
MARANGONI-EFFEKT

Poesie ist
wie eine Flaschenpost
die sich zufällig angespült
erst langsam dekantiert
wohlfühlt

deren Vers
im Auf und Ab
als Schliere am Rande
des Weinsinns
durch das Glase schwappt

wird sie zu hastig geöffnet
entfleucht ihr Aroma
doch krümelt der Korken
ist die Pointe bereits
ungenießbar.

Frank Ließke

MÜNCHHAUSEN UND ICH

Münchhausen

Zog sich
Das ist ja bekannt
Am eigenen Zopf mit der eigenen Hand
Aus dem Sumpfe heraus
Ei der Daus!

Ich selber

Lag
In der finstersten Nacht
Da hat sich in mir ein Vers entfacht
Und es zog mein Gedicht
Mich wieder ans Licht
Ob Ihr's glaubt oder nicht!

Hans - Georg Wigge

DER BUCHHOLZWURM

Ein Holzwurm und ein Bücherwurm,
die haben sich gepaart.
Daraus entstand ein Exemplar
der völlig neuen Art.

Der Buchholzwurm, wie er nun hieß,
dem war das einerlei,
in einem Brett für ein Regal
kam er zur Bücherei.

Er fraß sich durch das erste Buch,
sein Herz schlug laut und schnell,
die Spannung war wohl daran schuld,
denn es war von Mankell.

Sehr aromatisch war ein Band,
ein dicker, fetter Wälzer,
vorzüglich schmeckte ihm ein Werk
vom Sternekoch Tim Mälzer.

Das nächste Büchlein, das er fraß,
war für die Seele lecker,
es war der neue Lyrikband
von dem Poeten Wecker.

Ein Bildband kam ihm vor's Gebiss,
er knabberte ein Loch.
Das prankte dort als dritte Öffnung
der Nase von van Gogh.

Dann hat es ihn ganz kurz gereut,
denn dieses fand er schade,
dass er sich durch Heinz Erhard fraß,
durch's Verslein mit der Made.

Ob Goethe, Schiller, Hesse, Gras,
der Buchholzwurm fraß sich mit Spaß,
Loch hinterlassend seine Spur
durch Lettern, mal vermischt, mal pur.

Ein Kind, das Pipi Langstrumpf liebte
und dessen Freude Löcher trübte,
das sah den Wurm und schlug im Nu,
als er nichts ahnte, zornig zu.

So wurde Lindgren ihm zum Grab,
als er beim Seitenwechsel starb.
Auf Seite acht blieb nur ein Fleck,
der Buchholzwurm, der war nun weg.

Christian Aeberhard

WIRKMÄCHTIG

Die Götter wären längst vergangen,
wenn niemand sie besungen hätte.
Was sie an Lob und Preis erlangen,
steigt aus liederreicher Stätte.

Ein Paradies wird's so lang geben,
wie die Dichter davon künden
und alle Bilder, die sie weben,
erstehen dort, worin sie gründen.

Was der Kindheit Zauber bannte,
erlischt im Licht der Poesie.
Sie beglänzt das Altbekannte
in ewig junger Liturgie.

Droht das Dasein zu ergrauen,
tastet's blind nach einem Ziel,
ist von innen zu erschauen
der Verse feines Farbenspiel.

Wen Dichtung stets im Leben nährte,
mit ihrem warmen, vollen Klang,
dem bleibt sie immerzu Gefährte
und trostreich noch beim letzten Gang.

Kevin Kößler

LichtBlick

im dunkeln wandelnd
ohne ziel
vor augen nur
ein wald –
ohne baum oder blatt

im dunkeln schwebend
ohne blatt
in der hand nur
ein bild –
ohne bewegung, wort

aus dem dunkeln
mit dem wort
im munde schon
ein gefühl
und eine sprache.

Nele Häußler

DICHTKUNST

Zwischen Gedanken und Träumen,
inmitten von Fantasie und Realität,
fliehen Finger über Tasten.
Buchstaben

Zwischen Ideen und Versmaß,
inmitten von Lesen und Schreiben,
werden Buchstaben zu Zeilen.
Worte

Zwischen Metapher und Vergleich,
inmitten von Distichon und Diärese,
zeichnen Worte Bilder.
Verse

Zwischen Jambus und Metrum,
inmitten von Stimmung und Gefühl,
gestalten Verse Vorstellung.
Strophen

Zwischen Licht und Dunkelheit,
inmitten von Glück und Leid,
zeigen Strophen Zusammenhänge.
Nachdenken

Mein Traum, mein Gedanke
tragen sich über die Finger
hinein ins Lesen.
Gedicht

Euer Lesen, eure Fantasie
beleben das Gedicht,
regen euch an
zu verstehen.

Johann Wolfgang Busch

Die Reime

O, Reime zieht von meinen Dichterhänden
wie Musenschwärme durch das Weltensein!
Wollt ihr nicht Stern sein in Sternenlegenden,
nicht Wort der Hymne, Vers im Weltenreim?

Reime, die aus des Weltgeists Feder rinnen
wie Geisterschwarm, den nur ein Urwort eint!
Wollt ihr nicht Ton sein im Sphärenerklingen,
wo euer Vers sich mit der Liebe reimt?

So spüre ich erst euer nahes Leben,
den Hauch, der meinen Worten Tiefe schenkt,
spür' Musen, euch, in meinen Strophen weben,
wo euer Geist sich meinem Geiste schenkt.

Durch Reime meiner Feder offenbaren
wollt ihr euch, Geister, wie durch Zauberklang!
Zu unterscheiden Falsche von den Wahren,
schreib' ich und lausche, Musen, dem Gesang:

„Erst Liebe führt uns in der Dichtung Tiefen,
da wo das Wort am Urwort sich erwarmt,
erwachte Geister, die als Musen schliefen,
vom Weltendichter liebevoll umarmt."

Barbara Blume

TIEFSEE-TAUCHER

Wenn in der Nacht die Kirchenglocken
läuten und Träume
fliegen sanft herbei
dann:
werde ich zum Tiefsee-Taucher

...bunte Welten
neu entdeckend
schwimme ich durch mich hindurch...

Und wenn dann der
Morgen kommt
bin ich reicher als zuvor
kann vor Glück die Schleier öffnen
und hundert Perlenketten
knüpfen

Lieselotte Degenhardt
VOM DUFT DER POESIE

Wer je betrat
den Pfad der Phantasie
und seine Weisung fand,
die sich als Keim
tief in ihm eingepflanzt,
bleibt nicht zurück im Tal,
erklimmt den Berg,
steigt Stuf' um Stufe,
gelockt vom Duft der Poesie,
ist unterwegs im Land
berauschender Magie,
zum Licht der
BLAUEN BLUME.

Über den Verein

SternenBlick e.V. ist ein gemeinnütziger Verein zur Förderung zeitgenössischer Poesie. Seit Mitte 2013 werden jedes Jahr themengebundene Anthologien, Monografien und zwei Heftreihen herausgegeben, die die dichterische Vielfalt abbilden und bewahren. Ergänzend bieten wir unterschiedliche Leseformate, Workshops und Veranstaltungen im Großraum Berlin an.

Alle Veröffentlichungen, aktuelle Ausschreibungen und Termine sind der Homepage zu entnehmen:

www.sternenblick.org

INHALTSVERZEICHNIS